AF602275

LE CANAPÉ, COULEUR DE FEU.

LE CANAPÉ, COULEUR DE FEU.

*Par M. de ****

A AMSTERDAM,
Par la Compagnie des Libraires.

M. DCC. XLI.

LE CANAPÉ

CHAPITRE PREMIER.

La Vergogne du Procureur, & le changement merveilleux du Canapé.

UN Procureur qui avoit consumé toute sa jeunesse à ruïner de pauvres Plaideurs, voulant, comme l'on dit, faire une fin, résolut de consacrer à l'himen quelques années qui lui restoient à vivre. Il jetta, pour cet effet, les yeux sur la veuve d'un de ses Confreres : elle étoit jeune & de figure à faire naître des desirs aux plus insensibles. Aussi ses charmes donnérent-ils si vivement dans la visiére de Maître Grapignan, que pour s'épargner la peine de soupirer en vain, il fut lui offrir sa vieille personne, & par dessus le marché cinquante mille écus, qui étoient le reste de ses petites épargnes. La Dame comptant, comme de raiſon, enterrer bien-tôt celui-ci avec l'autre, n'héſita point à lui donner la main. On célébra les nôces : quant à la cérémonie & au banquet, tout alla au mieux. Tandis que les parens & amis des Conjoints tintamaroient à la maniére de gens qui ne ſe ſont jamais vûs, & qui s'entretiennent avec cordialité d'un bout de chambre à l'autre, le nouveau Couple s'éclipſa, & fut ſe retrancher dans le cabinet de toilette préparé pour Madame.

La porte ſoigneuſement barricadée, & la portiére pardeſſus ; Monſieur de la chicane, crachant d'avance le cotton, conduit ſa fringante épouſe ſur un canapé, où la belle, avantageuſement poſtée, ſe prépare à lui en donner pour ſes vieilles menteries, & pour ſon argent. Mon Dieu, dit-elle, mon ami, quelle chaleur il fait aujourd'hui ! En vérité on étouffe. C'eſt, répond-il, que nous ſommes dans les jours caniculaires. Voici, continua-t-elle en ſe couchant à demi, un admirable canapé pour la commodité. Oui, repart-il, rien n'eſt plus commode. J'y fais la méridienne depuis dix ans.

Cependant Madame quitte ſon fichu, & dévoile des appas qui reſſuſcitent l'humanité du Procureur. Il s'émancipe, il tâte, il baiſe, il treſſaille.... enfin déboutonnant & baiſſant ſon haut-de-chauſſe, il lui léve la jupe, & ſe met en poſture de lui faire gagner ſon douaire. Mais inutilement, après avoir ſué ſang & eau, & fait craquer le canapé pendant une heure, il eſt contraint d'abandonner la beſogne.

Comme on ſe rajuſtoit triſtement de part & d'autre, pour aller rejoindre la compagnie, on entendit un cri de joie, & tout-à-coup le canapé changeant de forme, prit celle d'un jeune homme parfaitement beau & bien fait. Miſéricorde ! s'écria le Procureur plus effrayé de cette merveille que ſa femme : êtes-vous l'ame de quelque malheureux qui auroit beſoin de priéres ? Je n'ai beſoin de rien, répondit l'inconnu, & je ne ſuis point un revenant comme vous l'imaginez. Je n'ai pas cessé de vivre, quoique j'aie été métamorphosé : & si vous daignez me prêter une oreille attentive, je vous conterai mon avanture, aussi-bien vous dois-je cette satisfaction, puisque c'est à vous à qui je suis redevable d'avoir recouvré mon premier état. Ha ! dit la nouvelle mariée, je vous en conjure... mais nous n'avons plus de canapé, & je ne vois ici qu'un siége ; mon ami, vas-en chercher deux autres. Oh ! parbleu, Madame, dit le nouvel hôte, il ſeroit honteux que vous fuſſiez entrée ici ſans étrenner; je profiterai, s'il vous plaît, des inſtans que votre mari vous laiſſe. Quoique je ſerve depuis ſi long-temps de ſiége à autrui, je ſuis aſſez repoſé ſur l'article pour vous donner en bref un témoignage du reſpect & de la conſideration que j'ai pour vous. Il dit, & fit les choſes ſi promptement que le Procureur ne s'apperçut de rien à ſon retour.

CHAPITRE II.

Du Pays de l'inconnu, & de ce qui occasionna sa metamorphose.

QUand le trio fut assis, l'inconnu se moucha, cracha & rompit le silence en ces termes : je suis un Gentilhomme des environs de Liege, allié aux meilleures Maisons du Pays. Mes biens sont situés sur les bords de la Meuse, auprès des Ardennes. Je ne vous dirai pas mon nom, parce que je ne crois point que cela ſoit bien eſſentiel ; & puis il y a ſi long-temps que je ſuis canapé, que je ne ſçai trop ſi je m'en ſouviendrois au juſte. Ainſi je me nommerai, ſi vous le trouvez bon, le Chevalier Commode, à cauſe de la commodité que tant d'honnêtes gens, y compris Monſieur & Madame, ont trouvée chez moi, lorſque j'étois fait pour la molleſſe, le repos & les plaiſirs des deux ſexes.

Je n'avois de paſſe-temps, jadis, que la chaſſe : dès le matin j'entrois dans la forêt,

& je n'en ſortois rarement que le ſoir; tantôt je prenois des oiſeaux à la pipée, tantôt à la gluë, une autre fois aux filets : en un mot le ſeul amuſement que j'euſſe au monde je ſçavois le varier, de maniére que je ne m'ennuyois jamais. Un jour que je m'étois plus fatigué que de coutume, je m'endormis ſous une feuillée épaiſſe. De ma vie, il m'en ſouvient encore, je n'eus, en dormant, de ſonges plus agréables : à la vérité j'étois bien en état d'en avoir de ſemblables, n'ayant alors qu'environ

18. ans. Je m'éveillai enivré de ces plaiſirs que l'on ſent & que l'on ne définit pas. Mais quelle fut ma ſurpriſe lorſque je vis à côté de moi une charmante perſonne, dont l'image adorable m'avoit occupé ſi délicieuſement pendant mon ſommeil. Elle ſçavoit trop bien lire dans les cœurs, pour ne point voir ce qui ſe paſſoit alors dans le mien : entraîné par l'amour, retenu par la crainte, je voulois parler & n'oſois. Ces mouvemens divers lui expliquoient mieux ce qui ſe paſſoit dans mon

ame,

ame, que tout ce que la parole auroit pû me ſuggerer de plus délicat & de plus tendre, & mes yeux interprétes fidéles de mes ſentimens, lui tinrent un langage ſi preſſant, qu'elle eut pitié de moi & me parla ainſi :

Vous êtes étonné, ſans-doute, devoir une fille de ma ſorte dans ces lieux ſauvages & déſerts ? Ma foi, Madame, dis-je en me levant, on le ſeroit à moins. Ce n'eſt guéres l'uſage de trouver des perſonnes de votre figure, & parée comme vous l'êtes dans les Forêts : je ne ſçai ſi ceci eſt un un rêve. Non, reprit-elle, vous ne fûtes jamais plus éveillé; fiez vous à moi, je m'y connois: à la bonne heure, repartis-je, mais ne pourrois-je ſçavoir à qui j'ai l'honneur de parler maintenant? A la Fée Printaniére, répondit-elle, premiere Dame de compagnie de la Fée Crapaudine, qui régne depuis ſix cents ans dans les Ardennes. Voilà, dis-je, pour une Souveraine, un vilain nom. Oh! ſi vous l'avoyez, repartit Printaniére, vous trouverez que ſon nom quadre aſſez bien avec ſa figure. Mais puſſiez vous ne la voir jamais ! que je meure, répondis-je, s'il m'en prend envie ſur l'idée que vous m'en donnez. Ah ! pourſuivit-elle en ſoûpirant, & laiſſant échaper quelques larmes, vous ne la verrez peut-être que trop tôt pour votre malheur & le mien ; car il eſt inutile de vous cacher que je vous aime ; & le ſort qui vous menace ne me permet pas de vous laiſſer ignorer plus long-temps mon ardeur.

Crapaudine vous vit ces

jours passez tirer des Merles avec la Sarbacane, votre bonne mine & votre dextérité lui ont tellement gagné l'ame, qu'elle a résolu de vous enlever & de vous faire tireur ordinaire de ses plaisirs. Parbleu, répondis je en colére, que Madame Crapaudine cherche ses tireurs où il lui plaira, je tire pour mon amusement & .... Hélas! interrompit Printaniere, elle seroit femme à vous faire tirer pour le sien jusqu'à vous mettre sur les dents; car elle ménage si peu son monde! Ce ne seroit point la fatigue qui me rebuteroit à son service, repliquai-je, si elle étoit aussi aimable que vous, & je fixerois volontiers mon bonheur au plaisir d'être attaché à une personne de votre mérite. Eh! bien, reprit Printaniére, & me regardant tendrement, il ne tient qu'à vous d'être heureux : Mais déterminez-vous promtement, & voyez si vous voulez me suivre, tandis qu'il est encore tems. Si Crapaudine arrivoit, je ne serois point Maîtresse de vous secourir Ah! mon adorabe Fée, m'écriai-je, pour fuïr un pareil monſtre & vivre ſous vos loix, j'irai, s'il le faut, dans les climats les plus éloignés. Ce n'eſt pas la peine, dit Printaniére, Crapaudine nous découvriroit, fuſſions-nous au centre de la terre ; d'ailleurs ma deſtinée me fixe à ſa cour : je ne puis m'en éloigner ſans ſes ordres. Mais je ſçais un moyen de vous avoir toûjours auprès de moi, même à ſes yeux. Il n'eſt queſtion que de ſçavoir ſi vous m'aimez aſſez pour vous réſoudre à être métamorphoſé en petit épagneüil. J'y conſens, à condition, néanmoins, que quand nous ſerons dans votre appartement, je reprendrai ma forme ordinaire. Voilà qui eſt fait, repartit Printaniere: en même temps elle me donne un coup de baguette & me tranſporte à travers les airs ſous la figure du plus petit chien du monde.

CHAPITRE III.

Arrivée de Commode au Palais de Crapaudine ; & comme il y fut accueilli par les autres femmes de ſa Cour.

NOus arrivâmes en deux minutes trente & une ſecondes à l'appartement de Crapaudine. Printaniere ne m'avoit pas trompé en me diſant que ſon nom quadroit avec ſa figure. La Princeſſe avoit environ

ron quatre pieds de haut ſur trois de large, de petits yeux louches & fiſtuleux, tendres & languiſſans à ravir ; le front petit & triangulaire, les ſourcils & les cheveux du plus beau roux du monde ; les jouës pendantes & livides, mais appétiſſantes ; une bouche d'une grandeur très-honnête, parée d'une demi-douzaine de dents, couleur de chocolat, le tout merveilleuſement aſſorti, avec le plus aimable petit nez pointu qu'on puiſſe voir, ayant au cou une légere cicatrice d'écroüelles, qui ne paroiſſoit preſque pas, & deux groſſiſſimes tetons mulâtres, qui n'en faiſoient qu'un par l'étroite union que la nature avoit miſe entr'eux, leſquels étoient étayés & retenus par une crevée à l'épreuve.

Crapaudine aſſiſe alors dans une maniere de chaire curule, très-baſſe, à cauſe de ſes petites jambes, & prodigieuſement évaſée, eu égard à l'énorme largeur de ſes feſſes, s'amuſoit avec ſes femmes à éplucher des oignons pour une ſalade de piſſant-lits, qu'elle avoit pris la peine de cueillir, de ſes propres mains, ſur les remparts du Château. Eh bien! dit-elle d'une voix de baſſe-contre à Printaniere, avez-vous vû mon tireur de merles? Non, Madame, j'ai parcouru toute la forêt, & quelque éxactes qu'aient été mes recherches, je n'ai pû en apprendre de nouvelles. Allez, ma mie, répondit Crapaudine, vous ne ſerez jamais qu'une ſotte: on trouve toujours un homme quand on veut le trouver: & ſi vous aviez bien cherché.... mais je ferai moi-même mes commissions. Que demain avant l'aurore tous mes équipages soient prêts pour la chasse, nous verrons si j'aurai meilleur nez que vous. Tarare, voulus-je dire ; & au lieu de tarare, je ne fis qu'aboyer. Oh ! oh ! demanda la Princesse, d'où vous vient ce petit animal ? Madame, dit Printaniere, il y a quelque tems que je l'ai ; une Bohémienne, en reconnoissance de quelque service que je lui ai rendu, m'en a fait present. Sçait-il faire quelque chose ? Oüi, Madame, il danſe, il ſaute, il rapporte. Eh! quel nom lui donnez-vous? Celui de Bacha. Mettez-le à terre, que je le voye. Venez ici Bacha. Mais au lieu d'obéir, je me mis à lui montrer les dents, & me retranchai ſous les jupes de mon aimable Maîtreſſe, où je vis d'avance une partie des charmes que je me promettois d'inventorier à mon aiſe lorſque je ſerois chez elle. Excuſez, Madame, dit Printaniere, il eſt un peu ſauvage quand il ne connoît pas ſon monde. Ce qu'il y a pourtant de vrai, c'eſt que je ne l'étois point alors pour ma belle Fée, quoique je ne la connuſſe que depuis quelques momens. Je m'élançois le long de ſes jambes, je lui baiſois les genoux ; & mes petites pattes & ma langue alloient fourageant où elles pouvoient atteindre.

Cependant la Princeſſe ayant achevé d'éplucher ſes oignons, on mit ſur table, & j'eus l'honneur d'être preſent à ſon ſouper, qui conſiſtoit en un haricot aux navets pour entrée, une oye graſſe pour rôt, accompagné de ſalade, & pour entremets un cervelat de la rue des Barres, avec deux plats de deſſert, compoſé d'un demi-quarteron de poires de Martin ſec, & d'un morceau de fromage de Brie, exhalant une odeur tout-à-fait ſemblable à celle dont Henry IV. faiſoit ſi grand cas. Tandis que Crapaudine repaiſſoit ainſi, toutes les Dames du Palais me mangeoient de careſſe, l'une me donnoit du bonbon, l'autre des petits patés à la craſſe de quelques mies qui tomboient de deſſus la nappe;

celle ci me paſſoit la main ſur le dos, celle-là ſous le ventre; une autre m'eſſuïoit les yeux avec mes longues oreilles; (car c'eſt le défaut des chiens d'être toujours chaſſieux) enfin, de ma vie je ne fus ſi bien fêté.

La Princeſſe ayant ceſſé de manger & dit ſes graces, elle fila environ une demi-bobine de ſoie par maniére de récréation, après quoi on la deshabilla & elle ſe mit au lit. Quand on nous eut congédiés, chacune de ces Dames vouloit me mener coucher avec elle; mais cela n'étant ni du goût de Printaniere, ni du mien, nous les quittâmes, & fûmes nous enfermer dans notre appartement, où ayant repris ma forme, j'emploïai mon temps à toute autre chose qu'à lécher, comme je faisois un instant auparavant. Heureux! si je l'avois moins bien employé! je vivrois peut-être encore avec cette charmante Fée; mais il falloit remplir l'ordre de notre destin.

CHAPITRE IV.

Les nouveaux Amans pris en flagrant délit : la disgrace de Printaniere, & la métamorphose de Commode en canapé pour avoir fait à la Princesse un affront que le sexe ne pardonne pas.

NOus passâmes les deux tiers de la nuit plongé dans ce que l'amour a de plus délicieux & de plus exquis. Cependant la fatigue nous arrachant à des plaisirs dont il nous étoit impossible de nous rassasier, le sommeil s'empara de nos sens; & ayant oublié qu'il y avoit chasse le lendemain, nous dormîmes si bien, que Crapaudine nous surprit, Printaniere & moi, sous la même couverture. Mon infortunée Maîtresse fut sur le champ disgraciée & transportée dans les airs je ne sçais où. Pour moi, la Princesse m'enferma elle-même dans une chambre voisine de son appartement. J'y avois déja passé les deux plus cruelles heures de ma vie, en déplorant plus la perte de l'objet de mon ardeur, que celle de ma liberté, lorſque Crapaudine entra dans une eſpece de deshabillé, à deſſein, ſans doute, de me ſéduire.

Eh bien! Monſieur le tireur de merles, dit-elle en m'abordant & fermant ſcrupuleuſement le verroux, vous venez donc débaucher nos filles? Sçavez-vous qu'aucun mortel juſqu'en ce jour n'eut l'audace de s'introduire dans ce Palais impunément, & que je devrois punir votre témérité ? Ma foi, répondis-je, Madame, c'eſt votre faute. Que ne me laiſſiez-vous prendre mes merles en repos ? Et qui vous en a empêché, reprit-elle en ſe donnant des graces ? Vraiment, repliquai-je, nous ſçavons le deſſein que vous aviez ſur notre perſonne, & ce n'a été que pour l'éluder que je me ſuis laiſſé enlever. Ah ! petit traître, s'écria-t'elle, imitant le fauçet ! voilà donc de vos tours ? Quoi ? vous ſçavez que je vous aime, & au mépris de ma tendreſſe, de mon rang & de mes charmes..... A l'égard de vos charmes, interrompis-je, je n'en avois qu'une légére idée au portrait que Printaniere m'en a fait; mais à present que je les vois en original, je leur rends toute la justice qui leur est dûë. Oh! vous convenez donc de la différence qu'il y a de moi à cette petite étourdie, dont vous vous étiez coëffé? Assurément, répondis-je, vous ne vous ressemblez en aucune façon. Ç'a, continua-t'elle en se haussant sur la pointe des pieds pour me caresser le menton, ce n'est point aſſez que vous recon-noiſſiez ce que je vaut, il faut m'en donner des preuves. Eh ! quelles preuves, Madame, éxigez-vous de moi ? Mais..... dit-elle en s'inclinant dans une bergere, & me tirant entre ſes bras, il eſt des choſes que la modeſtie ne nous permet pas d'expliquer : c'eſt à vous de les deriver. Pour la paſſion la ſuffoquant elle balbutia mainte autre belle phraſe que je n'entendis pas. Cependant je ne ſçais comment cela ſe fit : je me trouvai la culotte preſque ſur les talons, dans un état paſſablement honnête; & par un charme inconcevable, je me mettois en devoir de la beſogner, lorſqu'un lacet de nompareille, qui contenoit ſa gorge, venant à rompre, me fit tomber deux tetons énormes au-deſſous de la ceinture. Cet accident me tira de l'enchantement où le diable m'avoit jetté; & à l'aſpect d'une jouiſſance ſi monſtrueuſe, je ne me détournai plus.

Crapaudine néanmoins ayant peine à quitter priſe, me ſerroit toujours étroitement,

ment, & se trémoussoit sous moi de son mieux. Mais ses efforts n'aboutissant à rien, l'amour fit tout-à-coup place à la rage : & l'inhumaine me détachant sur la poitrine un des meilleurs coups de poing qui se soit jamais donné ; je me fis, en tombant à dix pas de là, une bosse à la tête & une contusion au derriere dont je me ressens encore aujourd'hui, faute d'avoir été pansé dans le temps. Enfin Crapaudine me lançant, de ses petits yeux chassieux, des regards à faire dresser les cheveux de frayeur, me prononça cet Arrêt.

Pour expier l'injure que tu m'as faite, dit-elle, on prendra désormais sur toi les plaisirs que tu n'as pû me procurer. Tu serviras indistinctement à tout le monde, maître & valet; chacun te fera gémir sous les secousses qu'il te donnera; & tu ne recouvreras ta premiére forme, que lorsqu'entre tes bras on aura commis une faute égale à la tienne.

En même temps elle me cracha au visage; & avant que je pusse m'essuyer, je me trouvai canapé : incontinent après je fus emporté par quatre génies à Paris, & exposé en vente sur le Pont-Saint-Michel.

CHAPITRE V.

Une celebre embocheuse de filles achete le canapé ; un Abbé recommandable par ses exploits d'amour, en a l'étrenne.

IL n'est pas, continua le Chevalier Commode, que vous n'ayez oüi parler de la Fillon, cette femme ſi recommandable par les plaiſirs clandeſtins qu'elle procuroit à tout le monde en bien païant. Ce fut à elle à qui je fus adjugé par enchere; & l'on me plaça, auſſitôt mon arrivée, dans un cabinet préparé pour les joyeux ébats. Comme la Fillon étoit extrêmement achalandée, je n'y fus pas long-tems ſans étrenner.

Le premier que j'eus l'honneur de porter, fut un Abbé, que ſes talens à récréer le beau ſexe, ont fait parvenir à la Prélature. J'avouë que de mes jours je ne fus secoué si vigoureusement & à tant de reprises. Est-il possible, interrompit le Procureur, que gens de cette robbe fréquentent de semblables endroits? Eh! pourquoi non, reprit le Chevalier? L'affublement apostolique est-il un préservatif contre l'incontinence? Si vous le croyez, que vous êtes dans l'erreur! Mettez-vous en tête que la plûpart de ceux qui embrassent cet état, n'ont en vue que de se procurer une vie tranquille & voluptueuse: éxempts de tous les embarras de ce monde, ils n'en connoiſſent que les plaiſirs ; & c'eſt pour ſe les aſſurer, qu'ils ſe ſont imposés la loi du célibat. A leur habit évangélique, toutes les portes ſont ouvertes : ils s'inſinuent adroitement dans le ſein des familles, & s'en rendent tôt ou tard les maîtres ; de pauvres maris ſe voient contraints, pour entretenir la paix dans leur ménage, d'éviter les caffarts à boire leur vin; heureux encore ſi on les en quitte à ſi bon marché ! Mais tandis qu'ils ſont occupés du ſoin de leurs affaires, que n'ont-ils point à redouter des manœuvres de ces pieux fainéants. Fy, fy, s'écria la Procureuse, j'aimerois mieux recevoir chez moi le Régiment des Gardes qu'un homme d'Eglise. Ma mie, dit le Procureur, ne voïons ni les uns, ni les autres, ce sont de mauvaises connoissances. Oh! mon fils ce que j'en dis n'est que pour vous prouver combien je suis éloignée d'avoir de liaison avec aucun membre du Clergé. Il ne faut jurer de rien, répondit Commode, si vous aviez connu celui qui me remua de si bonne grace, vous auriez eu bien de la peine à lui refuser votre estime : au moins suis-je très-persuadé qu'il n'y apoint de femmes à la Cour qui ne lui aient accordé la leur ; & vous conviendrez qu'elles y sont connoisseuses en mérite, autant & plus qu'ici. C'étoit donc un homme bien rare, dit la Procureuse d'un ton de courtoisie ? Rare au point, que si j'avois eu souvent affaire à gens aussi déterminés, je n'y aurois jamais résisté, eussai-je été

de

de fer : & j'avoüe à ſa gloire, que pendant pluſieurs aſſemblées du Clergé, où j'ai eu l'honneur d'être exercé par tous les gros Abbés & Monſeigneurs du Monde, je n'en ai jamais trouvé de ſi francs ſur l'article, pas même chez Meſſieurs du grand Couvent. Quoy ? s'écria le Procureur, vous aviez la pratique des Cordeliers ? qu'y a-t-il d'extraordinaire à cela ? nous avions celle de tous les Ordres Réguliers & Séculiers de la Ville ; & bien nous prenoit ; car les gens du bel air nous eſcroquoient si fréquemment que nous aurions été contraints mille fois à fermer boutique, sans les secours quotidiens dont l'Eglise nous gratifioit. Aussi le Sacerdoce étoit-il toûjours servi par préférence aux autres états. Dès qu'il se presentoit un pucelage à dénicher, c'étoit un Prélat, ou quelque Prieur bien renté qu'on en accommodoit. A propos d'aubaine de cette espece, il faut que je vous fasse part de l'entretien d'un Doyen de Chapitre avec une jeune personne dont il eut les prémices.

CHAPITRE VI.

Le préambule du saint homme & ce qui s'ensuit.

Eh bien! ma chere enfant, disoit le pieux ribaud en la faisant asseoir sur moi à côté de lui; quel âge avez-vous? J'ai quatorze ans, Monsieur. Et vous n'avez encore vû personne? Qui que ce soit. Tant mieux; car tout dépend de la façon dont on entre dans le monde: c'est le commencement de la vie qui décide pour tout le reste. A l'âge où vous êtes, il est difficile de débuter comme il faut, si l'on n'est dirigé & conduit par d'honnêtes gens : quel malheur pour vous, ma fille, si vous étiez tombée entre les mains de quelqu'homme du siécle ! Eh ! mais, Monsieur, que m'en seroit-il arrivé, je vous prie ? Ce qu'il arrive à ceux qui reçoivent de mauvais principes ; vous vous seriez égarée. L'esprit de débauche & de libertinage est si généralement répandu chez les mondains, qu'on risque tout à les fréquenter. Ce ſont la plûpart des traîtres qui vous ayant ravi votre innocence, vous abandonnent ou vous entraînent avec eux dans les voies de l'iniquité. Voilà bien du préambule pour dépuceler une fille, interrompit le Procureur. En ces ſortes de rencontres, répondit le Chevalier, il eſt quelquefois eſſentiel de préambuler, ſouvent on ne recule que pour mieux ſauter. D'ailleurs quoique l'on ſoit d'Egliſe, ne vous imaginez pas que l'on en vaille davantage; ſi cela étoit, chacun voudroit en être; le métier est déja si bon par lui-même : & puis quand le Sacerdoce communiqueroit les facultés prolifiques, ne faut-il pas que toute chose prenne fin ? Un chef de Chapitre n'est point censé ordinairement un jeune Clerc. Cependant donnez-vous patience, & vous verrez qu'il ne s'en tint pas à son Prône. La modestie, continua Monsieur le Doyen en posant une main sur l'épaule de la femelle, & laissant échaper, comme par hazard, deux de ses doigts entre la chair & le fichu, la modestie est la vertu la plus nécessaire au sexe; elle ajoute à ses perfections & diminuë ses défauts : une jolie personne l'est doublement, quand, loin de s'enorgueillir des avantages dont la nature l'a favorisée, elle les estime toujours au-dessous de ce qu'ils sont, & ne se presse jamais de les faire connoître. Vous êtes dans ce cas-là maintenant, ou je suis bien trompé; votre fichu de robbe aux yeux des choses qui doivent être fort belles, à en juger par ce qui n'est point caché. Monſieur dit la nouvelle proſelite, cela vous plait à dire, je n'ai rien de beau. Oh! je gage que ſi, répond l'homme de Dieu en lui découvrant un côté de la gorge. Comment diable, s'écria-t-il émerveillé de ce qu'il voyoit, vous n'avez rien de beau! Ah! friponne! vous ſerez fouettée. Puis le paillard la coucha de ſon long, lui leva la chemiſe; & lui ayant claqué préalablement les feſſes, il me fit plier un inſtant après ſous ſes efforts: les obſtacles enfin augmentant ſon courage, j'entendis faire deux ou trois fois ouf à la fille; & je n'entendis plus rien; preuve qu'il n'y avoit plus rien à faire. Il lui trouva, ſans doute, des allures telles qu'il les lui falloit; car il nous l'enleva dès ce jour: mais de peur d'être tôt ou tard embarraſſé pour les frais de géſine, il la fit épouſer à un riche benet de ſes amis; au moyen dequoi le bon Prêtre fut déchargé de tout. Peſte dit le Procureur, l'expédient n'eſt pas d'un mal-à-droit. Bon, repartit Commode, il n'y a rien de plus ordinaire que ces ſortes de tours de la part de Meſſieurs les gens d'Egliſe : c'eſt pour eux que l'on ſe marie, quand on prend femme de leurs mains. Vous devez avoir été témoin de ſcénes bien originales, dit la Procureuſe, dans une ſemblable maiſon ? Oui répond le Chevalier, & ce ſont les Ecclésiaſtiques qui y ont joué les plus grands rôles. Je vais vous en conter une aſſez ſinguliere : mais reſpirons un peu auparavant.

CHAPITRE VII.

D'un Abbé qui se faisoit fouetter pour réveiller en lui la partie brutale.

COmmode ayant pris du tabac, & éternué cinq ou six fois, parce qu'il avoit perdu l'usage de cette poudre céphalique, dont la principale vertu est de barbouiller le nez, continua à parler ainsi :

Comme je ne devois reprendre ma premiere forme qu'aux conditions que vous ſçavez, je ne demandois pas mieux que d'avoir de la pratique malgré la fatigue que cela me cauſoit, mettant toujours mon eſpoir en l'inſuffiſance de quelque paſſe-volant. Un jour donc que je m'ennuyois d'être ſeul, il entra dans mon cabinet une jeune Demoiſelle, & peu-à-près un Abbé qui pouvoit avoir environ la cinquantaine. Les portes étant ſoigneuſement fermées, les rideaux tirés, & tout juſqu'au moindre petit trou bouché avec précaution; la fille lui cria d'un ton courroucé : D'où venez-vous, libertin ? Ne vous ai-je pas défendu de sortir sans ma permission ? Ma chere mere, répond l'Abbé d'un air soumis, & contrefaisant au mieux l'Ecolier, je viens du Catéchisme. Du Catéchisme, effronté ! à l'heure qu'il est ! vous êtes un menteur : En même tems elle lui lâche deux ou trois soufflets & autant de coups de pied dans le derriere. Voïons, voïons, dit-elle, si vous avez profité. Combien y a-t'il de péchés mortels ? Il y en a....

Il y en a, ma chere mere, je ne m'en souviens pas. Comment, fripon que vous êtes, vous ne connoissez pas vos péchés mortels! Oh, je vous apprendrai à les connoître, moi. Allons vite, à genoux. Ah! ma chere maman, s'écria-t'il, je vous demande pardon, je les étudierai. Non, non, repliqua-t'elle, s'étant munie d'une poignée de verges, vous aurez le fouet: culottes bas. L'Abbé après quelque legére résistance découvre l'échantillon d'un derriére jaune, sec & ridé. Oh! poursuivit la fille, cela ne ſuffit pas, il faut tout voir. Puis elle lui attache la chemiſe aux épaules & lui baiſſe la culotte aux jarets. Enfin dès qu'il eut reçu environ une demi douzaine de coups, il feignoit de vouloir les eſquiver avec les mains, mais elle les lui lia par devant & l'étrilla enſuite juſqu'au ſang. Quel diable de ragoût, dit le Procureur ! Et qu'arriva-t'il de cela, s'il vous plaît ? Qu'il penſa me rompre les reins au même inſtant ſur ſa fouetteuſe, & que jamais on ne s'acquitta d'un exploit de cette eſpece auſſi vigoureuſement. Mais devinez ce qu'il fit pour procéder au ſecond ? Que ſçais-je, répondit le Procureur, il mangea peut-être une pomme de rénette & bût un verre d'eau par-deſſus. Point du tout, pourſuivit le Chevalier, il ne fit que changer de rôle : au lieu d'Ecolier, il devint Maître, & la Maîtreſſe devint Ecoliere. De façon, dit la Procureuſe, que la Maîtreſſe fut fouettée à ſon tour. Juſtement, répartit Commode, l'Abbé, pour ſe remettre en humeur, donna une legére teinte d'incarnat au au derriere le plus blanc & le plus appétissant du monde. Il faut avouer, ajouta la Procureuse, que voilà un secret de ressuciter les puissances bien singulier & bien bizarre. Vous vous trompez, répliqua le Chevalier, rien n'est plus naturel & plus de mode aujourd'hui : cela s'appelle la cérémonie ; & il n'y a pas jusqu'aux moindres Communautés consacrées à Venus où l'on ne trouve toujours provision de verges pour ceux qui sont dans ce train-là Il n'est pas douteux que la cérémonie, puiſque cérémonie y a, ne mette le ſang en mouvement; & c'eſt pour les perſonnes difficiles à émouvoir, que la choſe a été imaginée. Les effets en ſont ſi prompts & ſi miraculeux, que je ſerois peut-être encore Canapé maintenant, ſi Monſieur en avoit eſſayé avant de tenter l'aventure. Male-peſte, s'écria le Procureur, je ne ſuis pas ſi fou : J'ai été étrillé en ma jeuneſſe à ſaint Lazare, mais autant qu'il m'en ſouvient, cette cérémonie alors n'étoit rien moins qu'amuſante pour moi. Vraiment, je le crois bien, répondit Commode. Quelle comparaiſon ! la main d'un grand coquin de Frere Lai n'a point la vertu de celle d'une jolie femme : ſi vous aviez été auſſi bien aux Feuillantines qu'à ſaint Lazare, je gage que vous n'auriez jamais voulu en ſortir, & que vous vous ſeriez aiſément habitué aux corrections que de jeunes & fringantes Sœurs vous auroient données. En voici aſſez, dit la Procureuſe, ſur l'article de la cérémonie & de ſon excellence. Tant & ſi peu que vous voudrez, répondit le Chevalier, quand je vous ennuierai, faites-moi l'honneur de m'avertir. Vous n'êtes point fait, répartit civilement le Procureur, pour ennuier perſonne, & nous avons tant de plaiſir, Madame & moi, à vous entendre, que ſi nous ne craignions d'abuſer de votre complaiſance, nous vous prierions de nous raconter quelqu'autre choſe. Volontiers, reprit Commode, écoutez cette avanture-ci.

CHAPITRE VIII.

Quatre Moines ſe trouvent chez la Fillon ſans le ſçavoir, & y font par occaſion ce que l'on fait en ſi bon lieu.

DEux Mouſquetaires aſſiégés un matin par quatre moines qui venoient leur demander à dîner, firent entendre a un Reverend, qu'il ſeroit plus convenable qu'ils mengeaſſent en maiſon bourgeoiſe, qu'à l'hôtel où la Jeunesse dissoluë & peu dévote ne rendoit pas toujours ce qu'elle devoit à gens d'un caractere aussi respectable que le leur. Les Peres flatrés des égards ques ces Messieurs paroissoient avoir pour eux, défererent à leur sentiment; & consentirent, pourvû que la chére fût bonne à les suivre par-tout où ils voudroient. En quel endroit mener ces canailles-là, dit l'un des Mousquetaires, à l'oreille de son camarade? Te voilà bien embarrassé, répondit-il: Parbleu, il n'y a pas tant de cérémonie à faire ; menons-les chez la Fillon, personne ne joue mieux le rôle d'honnête femme qu'elle ; il lui ſera facile d'en impoſer à de pareils nigauts, qui, vraiſemblablement, ne la connoiſſent pas. Il n'eſt queſtion que de la dire parente de l'un de nous, & de lui ſuppoſer un nom. Nous l'appellerons, ſi tu veux, la Comteſſe de Grandfond. Oui dà, répartit l'autre, cela fait un beau nom. Meſſieurs, dit-il, hauſſant la voix, nous irons dîner chez la Comteſſe de Grandfond, tante du Baron. Nous y serons bien reçus, je vous jure; c'est une Dame qui fait parfaitement les honneurs de chez elle. A l'égard du cérémonial, que cela ne vous inquiéte pas : Vous ne serez gênez en aucune maniere, vous boirez à votre soif, & vous aurez la liberté d'aller pisser dès l'entre-mets, si l'envie vous en prend ; ce qui n'est pas une bagatelle, d'autant plus que dans les tables bien réglées, c'est une espece d'indécence d'y aller avant le dessert. Ma foi, répondit un des Peres, je me

mocque

mocque de l'indécence ; quand j'ai quelque beſoin, je ne me retiendrois pas pour le Pape. N'eſt-il point du dernier ridicule de s'aſſervir à de ſottes & frivoles bienſéances qui ne tendent qu'à la deſtruction du genre humain ? Pour moi, Meſſieurs, j'aime mieux braver le préjugé que d'en être le martyr. Tandis que ſa Reverence s'expliquoit ainſi, on avoit dépêché un Griſon à la Fillon pour la preſſentir ſur le perſonnage qu'elle devoit faire, moyennant quoi la ſcéne fut jouée au naturel.

En vérité, mon Neveu, dit-elle, voyant arriver la Compagnie, vous n'êtes point raisonnable de m'amener ces Messieurs sans m'en donner avis. Je suis honteuse de n'avoir que mon ordinaire à leur offrir. Madame, répondit d'un ton grivois un des Moines ; à petit manger bien boire : nous nous accomoderons de ce qu'il y aura. Bon, bon, répondit le prétendu Neveu, ne prenons pas les paroles de ma tante à la lettre, elle se plaît par fois à tromper son monde, & ..... Sçavez-vous, interrompit la Fillon, que Mes demoiſelles Finelame & du Déduit ſont des nôtres ? Morbleu tantpis, répartit l'autre Mouſquetaire, les Reverends Peres le trouveront peut-être mauvais, elles ſont ſi jeunes.... Vous vous mocquez, s'écrierent-ils tous enſemble, la compagnie des Dames ne nous fait point de peur : vraiment, plus on eſt de foux, plus on rit, il ſuffit qu'elles ſoient de votre connoiſſance, pour que nous ſoyons charmés de les voir Les Enfroqués ne languirent pas long tems dans l'attente, les Belles parurent au moment même; & le feu de paillardiſe qui ſortit alors de leurs yeux, fit connoître aux autres le plaiſir que leur faiſoit l'arrivée de deux Convives de cette eſpece. La Fillon fit donner des ſiéges, & pendant que le dîner ſe préparoit, on tint une converſation très-intéreſſante ſur les plus beaux lieux communs du monde, en quoi les Anachorétes ne manquerent pas de déployer leur érudition Monaſtique. Par exemple, entre les queſtions qui furent miſes ſur le tapis, celle de la puanteur des urines après qu'on a mangé des aſperges fut débattue avec toute la chaleur & l'eſprit imaginable : on diſſerta beaucoup auſſi ſur les choux-fleurs qui ne font pas le même effet, quoique l'eau dans laquel on les fait cuire devienne infecte au point de n'en pouvoir ſupporter l'odeur. Un des Peres, Prédicateur de ſon métier, dit à ce ſujet, des choſes au-deſſus de la portée humaine. Il étoit en train de réſoudre une queſtion encore plus embaraſſante, lorſqu'on vint avertir qu'on avoit ſervi. La diſpute, ſi j'ai bonne mémoire, rouloit en ce moment ſur les épinards & la farce à l'ozeille : les uns vouloient que la farce à l'ozeille tînt le ventre plus libre que les épinards, les autres ſoutenoient le contraire, & chacun défendoit ſon avis avec toute la ſubtilité & l'éloquence que requeroit une matiére auſſi épineuſe; mais comme le potage refroidiſſoit, la queſtion reſta indéciſe, & l'on fut ſe mettre à table.

Il falloit voir de quel cœur les bons Religieux officioient. Alors on avoit beau les exciter à parler, leurs réponſes n'étoient jamais que oui & non, ou ſimplement un ſigne de tête.

Cependant vers la fin du repas, la Fillon ſortit, ſous prétexte de quelques affaires. Les Frapparts qui n'avoient encore rien dit aux Demoiſelles, tant à cauſe du plaiſir de manger dont ils s'étoient conſtamment occupés juſqu'au deſſert, que par la crainte de déplaire à la Dame du logis, s'égayerent peu à peu, & quelques verres de Champagne achevant de les coëffer, les Mousquetaires en enfermerent un dans mon cabinet avec l'une des deux Princesses. Le Reverend Pere Prédicateur qui avoit conservé le plus de sang froid, quoiqu'il eût sablé plus que personne, courut à la porte exhorter son camarade à la continence, Pere Pia, s'écrioit-il, craignez l'Ange séducteur & les piéges qu'il vous tend. Paroles en l'air; Pere Pia étoit déja sur moi, s'agitant & se demenant comme un possédé. Enfin, chacun eut son tour, & le Prédicateur lui-même entraîné par l'exemple, succomba à la tentation, ainsi que les autres. Il prit le bon parti, dit le Procureur : Pas tant bon, répliqua Commode, il y gagna un rhûme de chaleur dont la cure lui coûta le profit de deux ou trois années de Sermons de Carême.

Mais pour revenir au Pere Pia, l'un des Mousquetaires faisant mine de caresser la Demoiselle à qui il venoit de prodiguer son encens;

Ah ! Monſieur, s'écria-t'il : Par pitié, ne nous enviez pas ce petit quart-d'heure de récréation : Vous autres gens du monde, vous en trouvez les occaſions quand il vous plaît, cela ne vous manque pas plus que le boire & le manger ; mais de pauvres diables de Moines, tels que nous, n'ont pas cet avantage : Nous ſommes comptables au Public & à nos Communautés de la moindre de nos démarches. Hélas ! ſi vous nous empêchez de profiter de cette aubaine-ci, il ne s'en preſentera peut-être point une ſemblable de ſix mois : Mettez-vous un moment en notre place, ſix mois de jeûne pour gens de bon appétit, cela fait une bien cruelle épreuve. A d'autres, cria le Mouſquetaire, vous n'en faites jamais de ſi longue. Je vous demande pardon, répartit Pere Pia, juſqu'à ce que nous ſoyons dans les Dignités de l'Ordre, on obſerve notre conduite de plus près que vous ne l'imaginez : Nos Supérieurs ſont des tyrans qui n'en veulent que pour eux.

De ſi ſages & judicieuſes

emontrances furent reçues comme elles devoient l'être, continua le Chevalier, & les Moines & les filles ayant ſacrifié à Venus & à Bacchus juſqu'à n'en pouvoir plus ; on termina la fête en les mettant tous à la porte dans l'état où ils étoient. Cela n'eſt guéres charitable, dit la Procureuſe. Ah! les coquins! repartit Commode, plut à Dieu les eût-on renvoyés avec cent coups ~~de~~ d'étrivieres : ils m'ont tellement contaminé & diſloqué ce jour là, que la Fillon me jugeant incapable de ſervir davantage, fut obligée de se défaire de moi.

CHAPITRE IX.

Des joueurs de convulsions achetent le canapé.

LE sort me fit tomber dans une maison de convulsionaires; mais j'avois été si maltraité dans ma premiére condition, qu'on me réduisit presque en canel à la troisiéme ou quatriéme séance; de façon que mes nouveaux hôtes songe-

rent encore à me réformer...
Oh! parbleu, interrompit le Procureur, puiſque vous avez été chez des convulſionaires, vous voudrez bien nous apprendre ce que ſont au juſte ces gens-là; on en dit des choſes ſi merveilleuſes! Merveilleuſes pour les ſots, réponditCommode, car les perſonnes éclairées & impartiales, ne ſeront jamais dupes de leurs friponneries. C'eſt une eſpece d'enthouſiaſtes ou de fous, comme il vous plaira, détachés d'une ſecte à laquelle il étoit difficile autrefois de refuſer

ſon eſtime, mais qui s'eſt dégradée par de mauvaiſes parades qu'elle fit repreſenter, il y a quelques années, dans un lieu ſaint, & s'eſt rendue chez les honnêtes gens auſſi mépriſable que ſon antagoniſte.

Comme la ſageſſe du gouvernement ne ſe porta point aux trivélinades de ces Farceurs, ils firent depuis pluſieurs bandes, & s'aſſemblerent dans des maiſons particulieres, où ils continuent à jouer leurs fanatiques ſcénes. Mais, demanda la Procureuſe : Quels avantages prétendent-ils tirer de toutes ces folies? Ceux d'en imposer au peuple crédule, de gagner sa confiance & de se rendre dans la suite, s'il est possible, un parti considérable. L'honneur d'être à la tête d'une Secte pour ces sortes de gens affublés de noir, n'est pas moins flatteur & délicieux que celui d'avoir le commandement général d'une armée. La vaine gloire & l'ostentation sont les mêmes dans le cœur de tous les hommes; elles ne font que changer d'objets selon les diverses professions

ſions qu'ils embraſſent. Vous n'avez donc rien trouvé, poursuivit la Procureuſe, de fort extraordinaire dans ce que font ces ſortes de Bateleurs? Non, en vérité, répliqua Commode, leurs plus beaux tours de force, d'adreſſe & d'équilibre, ne valent pas, à beaucoup-près, ceux de la Troupe des ſieurs Colin & Reſtier, & je puis vous aſſurer, que le premier Convulſionaire du monde, n'eſt pas digne d'être mis en parallele avec le dernier Sauteur de la Foire. Songez-vous, dit le Procureur, que vous offenſez une infinité d'honnêtes gens par un parallele auſſi inégal ? Il ne l'eſt pas tant que vous le croyez, répartit le Chevalier; s'il y a des perſonnes d'un rang diſtingué qui ſe mêlent de convulſioner, on peut vous en citer qui danſent ſur la corde, voltigent, marchent ſur les mains & hazardent le ſaut périlleux ſur des matelats : Jamais les Seigneurs n'ont eû tant d'émulation qu'aujourd'hui pour tous les exercices, excepté pour ceux qui conviennent à leur état. Cela e ſt bien louable, reprit le Procureur. Au moins, continua Commode, tout le mal qui peut arriver d'un goût si extravagant, c'est de se casser le cou; & dans la societé quelques cous de plus ou de moins ne font pas une affaire. Mais, morbleu, s'étudier à gâter la cervelle du pauvre monde par des sacriléges histrionades, c'est ce que je ne puis digérer; & si j'en étois crû...... Vous n'êtes point l'Apôtre des Convulsionaires, interrompit la Procureuse. Ce seroit l'être d'une bande de Scélerats, répliqua le Chevalier. Combien de jolies filles ne m'ont-ils pas fait passer sur le corps, pour n'y faire autre chose que des grimaces & des contorsions horribles ! Vraiment, dit le Procureur, ce n'étoit point là votre compte : Je ne suis pas surpris que vous soyiez si mécontent ; avec des personnages de cette espece, vous auriez pû mieux employer votre tems. Il est vrai, répondit Commode, mais c'étoit ma destinée de n'être plus employé au déduit que chez vous, comme vous allez voir.

CHAPITRE X.

Le Canapé vendu à une Dévote, les peines & les mortifications qu'il essuye à son service.

JE vous ai déja dit que mon dernier exercice de chez la Fillon m'ayant réduit dans un état qui faisoit pitié, il n'étoit pas possible queje demeurasse long-tems où la fatigue étoit si grande : aussi me vendit-on bientôt. Ce fut une dévôte qui m'acheta : cela faiſoit une condition tranquille, à la vérité, mais ennuieuſe au-delà de toute expreſſion.

Ma très-révérente & dégoutante Maîtreſſe me fit placer dans ſa chambre, de ſorte que j'avois l'avantage d'être toûjours en ſa préſence, & celui de l'entendre faire ſes oraiſons. Tout ſon train & ſa compagnie ordinaire conſiſtoient en une idiote de ſervante, un chat, un chien & un vieux Directeur qui l'aidoit charitablement à médire de ſon prochain, & à manger ſon revenu. Cet homme-là étoit bien complaiſant, dit la Procureuſe ; tous ceux de ſa profeſſion le ſont extraordinairement, repartit le Chevalier, ſur tout quand ils trouvent leur avantage à l'être : celui-ci n'eut point à ſe repentir de l'avoir été ; car la bonne Dame lui légua tout ſon bien au préjudice d'un frere qui n'étoit rien moins qu'à ſon aiſe. Quoi, cette malheureuſe ſe piquoit de pieté & commit une injuſtice auſſi criante ! Que vous connoiſſez peu les priviléges de la dévotion, s'écria commode ! ce qui ſeroit inique pour des profanes, tels que vous, ne l'eſt nullement pour les dévôts. Ils ont fait un concordat avec le Ciel qui les diſpenſe de bien faire. Une action dont la noirceur révolteroit l'humanité chez les gens ordinaires devient, par leur crédit, une action digne d'être gravée dans les faſtes & propoſée à l'univers pour exemple. Et quel étoit, demanda le Procureur, votre emploi dans cette Boutique ? je ſervois à tout hormis à l'eſſentiel, répondit le Chevalier

Chevalier ; & jamais le nom de Commode ne me convint mieux qu'en ce lieu-là.

Monsieur Ventru, c'étoit le nom du Directeur, gromeloit ordinairement son Breviaire sur moi, ou y reposoit sa sainte personne après le repas; & le bon-homme ayant le défaut, ainsi que ses semblables, de manger un peu goulument, donnoit, sans façon, carriere à son ventre, & m'empoisonnoit tous les jours par les vapeurs d'une fausse digestion. La peste soit du bouc, dit le Procureur, en se portant la main au nez ! Ce n'eſt point là le pire, continua Commode, la Dévôte prenoit journellement un anodin ; & comme vous ſçavez que cela ne ſe prend pas ſi exactement qu'il ne s'en échape toujours quelque choſe, j'avois la mortification d'humer ce qu'elle ne pouvoit retenir. Il arriva même un jour, que je penſai être noyé par la mépriſe de la Servante : c'étoit elle qui étoit chargée du ſoin d'abreuver le derriere de Madame. L'innocente Jeanne ayant mal pris cette fois-là ſes dimenſions, lui échauda le canal de l'urétre & ses dépendances. La bonne Dame, peu habituée à être injectée en pareil endroit, serra les fesses, & emporta la canulle d'un coup de croupe ; de maniere que je ne perdis pas une goutte de la décoction. Et que fit-on à la pauvre Jéanne, demanda le Procureur, pour l'expiation d'une semblable faute ? On la condamna à recevoir vingt coups d'étriviéres ; laquelle Sentence M. Ventru prit la peine d'exécuter dans la minute ; & ce fut sur moi que la tragédie se passa.

Jeanne reconnoiſſant ſon crime ſe coucha modeſtement, & livra ſon derriere à la merci du vieux Directeur, qui, malgré ſa réſignation, ne lui fit grace de rien. Ces gens d'Egliſe, dit la Procureuſe, ſont ſans pitié. Il eſt vrai, répartit Commode; la dureté de cœur eſt un défaut qu'on leur reproche avec juſtice ; mais en telle circonſtance, un homme du monde n'auroit pas été plus traitable : Jeanne étoit jeune & jolie, elle avoit la peau belle & de l'embonpoint : Tant de charmes flattoient trop la vûe pour ne pas mettre à profit les inſtans où il étoit permis de les admirer ; & comme cela ne ſe pouvoit faire duëment qu'à l'occaſion de la peine infligée à la patiente, le bonhomme Ventru ne ſe preſſoit pas de finir, & comptoit diſtinctement tous les coups qu'il lâchoit, ainſi que tout paillard, Prêtre ou non, auroit fait en ſa place ..... La pauvre fille ! interrompit le Procureur, il falloit qu'elle eût bien de la patience. Par ſangbleu, répliqua le Chevalier, il falloit que j'en euſse bien davantage moi. Ce n'étoit point assez que je fusse sans-cesse infecté & sali par les deux plus vilains derrieres de France, j'étois encore le souffre-douleur des bêtes de la maison. Théatre éternel des querelles du chien & du chat, j'avois toujours à pâtir de leur mesintelligence. Le moindre petit os à ronger, allumoit entr'eux une guerre civile dans laquelle j'héritois d'ordinaire de maints coups de griffes & de dents : Maître Minet, même en sa meilleure humeur, aiguisant nonchalammment ſes ongles crochus ſur ma peau, me découpoit chaque jour quelque partie du corps. Et Monſieur eſt témoin que j'étois preſque en lambeaux, lorſque Madame eut la courtoiſie de prendre congé de ce monde, pour aller en l'autre.

CHAPITRE XI.

Le Canapé entre chez le Procureur, & y recouvre sa premiére forme au bout de dix ans.

DElabré & déguenillé, comme je l'étois alors, il n'y avoit qu'un Philosophe, ou un homme ennemi de l'ostentation tel que vous, qui pût se charger d'un aussi mauvais meuble que moi Enfin, vous fûtes assez modeste pour ne me pas juger indigne de décorer votre cabinet. Eh ! Mais, dit le Procureur, vous n'aviez pas mauvaise façon, quand ma niéce vous eut racommodé, vous étiez commetout neuf. Tudieu, répartit le Chevalier, vous parlez d'une fille d'un grand mérite ; je n'ai jamais vû coudre & tricoter de meilleure grace. Avouez, Papa, que vous en êtiez un peu féru, & qu'il n'a point tenu à vous d'avoir quelques privautés incestueuses avec elle. Vous souvenez-vous d'un jour que la trouvant endormie sur moi, vous lui glissâtes une main sous la jupe ? Oh ! répliqua-t-il, c'étoit seulement pour voir si elle étoit chatouilleuse. Votre Maître-Clerc, reprit Commode, eut la même curiosité un matin que vous êtiez au Palais : Je croyois, ma foi, qu'elle étoit en létargie. Quoi? poussa-t-il les choses assez-loin pour.... Belle demande ! Il s'y prit si legerement, qu'il fit tout ce que vous aviez envie de faire; & il n'y eut que cela qui l'éveilla. Ah, la coquine ! Peut-on avoir le sommeil si dur ? J'aurois répondu, ſur ma tête, de la ſageſſe de cette fille-là. Mais, répartit le Chevalier, vous n'auriez point eu tort, Mademoiſelle votre niéce ſeroit une fille auſſi ſage qu'une autre. Comment, morbleu, vous appellez ſage une malheureuſe qui s'abandonne à un faquin de Clerc.... Eh! ſçait-on ce que l'on fait quand on dort? Dès que la raiſon & le jugement ne ſont point de la partie, toutes les actions ſont indifferentes; or vous ſçavez que dans le ſommeil on extravague plus qu'on ne raiſonne..... A la bonne-heure, interrompit l'homme de chicane, il eſt tout ſimple d'extravaguer en dormant; mais que l'on faſſe des enfans ſans s'en appercevoir, c'eſt ce qu'on ne me perſuadera point. Vraiment, répondit Commode, je ne dis pas que votre niéce ne ſe ſoit point apperçue de quelque choſe, mais la beſogne étoit déja ſi avancée, lorſqu'elle s'aviſa de le ſentir, qu'il y auroit du ridicule à elle de vouloir l'interrompre.

Le Chevalier avoit à peine ceſſé de parler, qu'on

heurta à la porte du cabinet. C'étoient plusieurs aimables de la nôce, qui s'impatientant de ne pas voir les nouveaux mariez, les plaisantoient à travers la serrure & leur lâchoient mille jolies petites saillies bourgeoises sur la longueur de leur tête à tête.

Commode qui n'avoit plus rien, ou très-peu de chose à dire, n'ayant entendu que le jargon barbare des Coutumes, pendant qu'il étoit chez le Procureur, fut charmé d'avoir un honnête prétexte de se taire. Il vouloit prendre congé de Monſieur & de Madame : mais on le retint de force, & il fut du ſouper : on prétend même que la Procureuſe trouva moyen de l'introduire dans ſa chambre ; & que tandis que repoſoit le bon-homme à qui l'on avoit eu la précaution de faire prendre un breuvage ſoporatif, ils veillerent tous deux au grand contentement l'un de l'autre.

Cependant le Chevalier aſpirant au bonheur de revoir ſes foyers, comme un Picard qui a la maladie du

Pays; partit quelques jours après malgré les larmes de la Procureuſe, & les promeſſes qu'elle lui fit de l'épouſer auſſitôt qu'elle auroit expédié ſon nouveau mari.

Le deſtin avoit arrêté qu'il retournât à ſes premiéres amours; & la Fée Printaniere devoit être la recompenſe de toutes les peines qu'il avoit ſouffertes pour elle.

Le célébre Auteur de l'Almanach de Liége, homme digne de foi, ſi jamais il en fût, aſſure qu'il la retrouva fidéle. Quoiqu'il en ſoit Cra-

paudine consentit à leur mariage, à condition, néanmoins, que Commode, avant toute chose, répareroit amplement la faute qui avoit causé ses disgraces. Le pas étoit glissant; il y avoit tout à craindre qu'il ne faillît encore. Printaniére qui sçavoit qu'à toute sorte d'éxercices un peu d'habitude est nécessaire (elle ignoroit, sans doute, que la Procureuse y avoit pourvû) se hâta de lui donner quelques leçons, puis lui ayant fait prudemment avaler une demi-douzaine d'œufs frais,
avec

avec deux cuillerées de garu, elle le conduiſit chez Crapaudine.

La Princeſſe avoit eu ſoin de ſe précautionner d'un double lacet: pour ſoutenir le poids immenſe de ſa gorge, ſoupçonnant que la chute imprévue d'une auſſi grande quantité d'apas pouvoit jadis avoir cauſé au Chevalier la diſtraction dont elle l'avoit puni ſi rigoureuſement.

Elle étoit miſe à ravir. Coëffure en papillon, croix à la dévôte & pendeloques de ſtarfs, robbe & jupon de taffetas gorge de pigeon en falbalas, chaussure à l'Angloise, panier du Pont-au-Change, & tant de jolies choses relevées par deux grandes mouches sur les temples avec un petit œil de vermillon.

Commode ne put s'empêcher de faire un éclat de rire, la voyant ainsi parée. Heureusement son Altesse, qui avoit très-bonne opinion d'elle-même, attribua ce mouvement de guaïté au plaisir qu'il avoit de la revoir. De maniere qu'il fut très-bien accueilli. Enfin, grace au garu & aux œufs frais, il obtint ſon pardon, & deux jours après ſon mariage ayant été déclaré avec Printaniere, Crapaudine, pour l'attacher à ſa maiſon, créa la Charge de Grand Sarbacanier de la Couronne, dont elle le revêtit à cauſe des talens extraordinaires qu'il avoit montrés autrefois pour le noble exercice de la Sarbacane.

FIN.

www.ingramcontent.com/pod-product-compliance
Ingram Content Group UK Ltd.
Pitfield, Milton Keynes, MK11 3LW, UK
UKHW020328180726
13839UKWH00002B/594